Die göttliche Unendlichkeit streift immer wieder unser Bewusstsein.

Es gibt unendliche Möglichkeiten sie zu erfahren.

Robert Einsle

Der Hauch der Unendlichkeit

Gedanken, Anregungen…..Erkenntnisse

Bibliografische Information der Deutschen
Nationalbibliothek:
Die Deutsche Nationalbibliothek verzeichnet diese
Publikation in der Deutschen Nationalbibliografie,
detaillierte bibliografische Daten sind im Internet über
http://dnb.dnb.de abrufbar.

Verlag: BoD • Books on Demand GmbH, In de Tarpen 42,

22848 Norderstedt

Druck: Libri Plureos GmbH, Friedensallee 273,

22763 Hamburg

ISBN: 978-3-7597-7835-2

Inhalt:

Vorwort

Spruchweisheit Lin Jutang (1895-1976):

Wirklichkeit – Träume = animalische
Existenz
Wirklichkeit + Träume = Idealismus
Wirklichkeit + Humor = Realismus
Träume – Humor = Fanatismus
Träume + Humor = Fantasie
Wirklichkeit + Träume + Humor = Weisheit

*Weisheit, dieser höchste Grad des Denkens,
bestünde also darin, dass man versteht, seine
Träume bzw. seinen Idealismus durch einen
gut entwickelten Humor zu mäßigen, wobei
einem die Wirklichkeit tätigen Beistand leistet.*

(Verfasser mir unbekannt)

Die folgenden Gedanken sind über einen längeren Zeitraum entstanden – ich habe mir angewöhnt, diese auf meinem Smartphone festzuhalten und immer mal wieder zu lesen. So sind sie zu einer Sammlung geworden, die ich einfach für mich festhalten will und in der sich andere wiederfinden können oder auch Neues bei ihnen auslöst. Vielleicht kann dadurch eine sehr viel größere Sammlung entstehen, die das Rätsel des Lebens beschreibt.

Angeregt zu diesem Format hat mich ein Buch, das ich von einem guten Freund und Begleiter geschenkt bekommen habe – Die Lehren des Don Juan von Carlos Castaneda führte mich in die Gedankenwelt der Schamanen ein.

Anfangs wollte ich meine Gedanken immer erklären. Bei meinen Bildern hab ich auch oft einen Gedanken dazu geschrieben, den ich mit ihnen ausdrücken wollte. Derselbe Freund hat mich darauf hingewiesen, dass damit der Betrachter gelenkt und die Freiheit im Geist eingeschränkt wird. Es kann nichts Neues entstehen und gerade die Kreativität ist eines der größten und schönsten Geheimnisse der Existenz.

Also sieh die folgenden Seiten als Anregung. Es gibt keine Bewertung in Reihenfolge und Inhalt…
…... und es ist Platz für deine

Gedanken, Anregungen…. Erkenntnisse

Man kann sich Gedanken wie Produkte einer Software vorstellen. Unser Verstand ist mit dem Gehirn nur die Ausgabeplattform/Hardware für sie. Die Erschaffung dieser Software ist das große Geheimnis aller Existenz. Wir können Sie nur nutzen und haben die Freiheit uns für die Zielrichtung zu entscheiden

Persönliche Krisen oder Schicksalsschläge können Wendepunkte oder Neuanfang für ein bewussteres und damit glücklicheres Leben sein. Wichtig ist, sich Zeit zu geben und auch zu nehmen, denn ich glaube die Veränderung im Bewusstsein hört nicht wirklich auf, sondern führt zu immer größerer Freiheit und Unabhängigkeit im Denken. Dies führt zu einem freien und letztendlich ruhigen Geist, der sich voller Selbstvertrauen nicht durch äußere Einflüsse aus dieser Ruhe bringen lässt.

Letztendlich gibt es nur die Ruhe. ...Sie befreit auch schon im Leben

Im Fluss sein.....
heißt mit den Energieströmen der Existenz im Einklang sein.
Wie beim Schwimmen im Fluss geht es mit der Strömung ganz leicht - manchmal hat man dabei das Gefühl der Schwerelosigkeit.
Auch mit der Energie zu fließen geht leicht und da man Teil von ihr ist, kann man auch die "Richtung" mitbestimmen.

"with effortless ease" - mit müheloser Leichtigkeit - einfach wie von selbst - in Harmonie mit den Schwingungen der Energie des Universums

Gedanken(!) zur Dualität

Am schwierigsten ist für den Verstand zu akzeptieren, dass die Dualität nur seine Vorstellung der Realität ist, denn er definiert sich ja gerade darüber. Aus Sicht der Evolution mag das in früheren Zeiten hilfreich gewesen sein, aber der Verstand erkennt auch immer mehr, dass die von ihm geschaffene Lebensweise der modernen Welt in eine Sackgasse führt. Die Menschheit lebt auf Kosten der Umwelt und schädigt damit ihre eigene Lebensgrundlage. Aber vielleicht führen gerade diese Extreme zu einer Weiterentwicklung in Richtung Spiritualität, deren Existenz der Mensch schon einmal sehr intensiv in seine Existenz eingebunden hatte

Die Aufhebung der Dualität spürt ein Künstler, wenn er das Gefühl hat, dass sein Werk, nicht von ihm geschaffen und er nur dazu beigetragen hat. Das zeichnet wahre Kunst aus. Der Betrachter, Hörer, Leser...spürt die Schönheit und wird damit ein Teil davon

„Die unerträgliche Leichtigkeit des Seins"
(Milan Kundera) unserer wohlhabenden
Gesellschaft endet in der oft unerträglichen
Vergänglichkeit dieser Welt. Nichts was unser
Verstand erkennt, kann auf Dauer festgehalten
werden.

Es gibt nicht rechts oder links, der Weg geht geradeaus. Es gibt kein oben oder unten, kein Glück oder Unglück. Es gibt vor allem kein Ich und Du - Dualismus ist nur ein Konzept. Freiheit ist und braucht kein Konzept.

Ein Weg ist das Erkennen der fantastischen Welt in der wir schon jetzt leben und sich als wundervoller Baustein zu fühlen, der in seiner Umgebung entscheidend mitwirken kann.

Jedes Konzept ist per se eine Einschränkung der Freiheit, besser der Möglichkeiten, der Weiterentwicklung, der Kreativität.
Die Konzeptlosigkeit als Konzept ist Chaos, schafft Möglichkeiten und Chancen.

Neugier zu bewahren ist wichtig, aber mit
Achtsamkeit – spüre den Unterschied zwischen
penetranter Neugier und entspannter Neugier –
mit und ohne Erwartungen
Jede Leidenschaft schafft Leiden. ......wie die
Wörter schon sagen

Wahren Reichtum gewinnt man durch Großzügigkeit - Vertrauen kommt nicht durch Kontrolle und erst recht nicht durch Verteidigung und Wut. Beide nehmen die Freiheit darauf zu reagieren. Vertrauen ist aber so wichtig, mit Liebe kommt es von selbst. Vertrauen hebt die Dualität auf und man erkennt, dass das Ende der Dualität grenzenlose Liebe ist. In der Frage: "Was sind Vertrauen und Liebe?" zeigt sich beim Hinspüren aber auch wieder die Unbeschreibbarkeit und letztendlich die Leerheit.

Die Angst vor dem Nihilismus bei der Vorstellung der Welt als Fantasiegebilde sprich positiv Geistkörper ist völlig unbegründet. Sie hat ihre Ursache im subtilen Verstand, der intuitiv ein Gefühl der Schuld erzeugt, da es dann ja letztendlich egal ist, wie wir leben. Aber meine Erfahrung hat gezeigt, dass gerade dann das Tun und die damit verbundenen Emotionen wie von selbst in einem positiven Zustand enden – bei einem selbst, als auch für das Umfeld.

Mit dem Ende (der Vorstellung) des Dualismus ist die Existenz ein System, das energetisch gesehen, immer zu einer harmonischen Eigenresonanz strebt.

Die Wirklichkeit wird in jedem Moment neu erschaffen und kann daher auch gestaltet werden - eben durch Ursache und Wirkung. Dies gilt auch für die Gedanken und deren Auswirkung auf unsere Emotionen. Diese Erkenntnis, dass jedem Ende ein neuer Prozess nachfolgt, hebt den Tod auf eine ganz andere, positive und spannende Ebene

Das Spüren der wahren Existenz ist wie ein Tanz auf Messers Schneide. In der Meditation kann ich dies üben und spüren. Der Verstand muss sich dabei zurücknehmen, aber gleichzeitig die Aufmerksamkeit halten.

Übung verhindert, dass Erfahrungen nicht wieder „leiser werden" – wie mein Taiji-Lehrer es sehr schön ausdrückte. Man kann diesen nicht beschreibbaren Zustand immer öfter erreichen - letztendlich bis über das Bewusstsein hinaus. Derzeit kommt mir diese temporäre Befreiung wie ein ständiges Auftauchen des Erwachens vor.

Gemäß meiner buddhistischen Lehrerin Ani-la liegt die wahre Existenz jenseits der Vorstellung von Energiesystemen, die sich temporär materialisieren. Sie liegt als Potential außerhalb unserer durch die Sinne erlebten Welt und auch die Gedanken sind nur Teil dieser Welt, die von unserem Gehirn als Sinnesorgan erfahren werden.

Denken kann - wie einen Muskel allzu fest anzuspannen - den Fluss des Chi unterbrechen. Nur bei harmonischer Ganzheitlichkeit, wie z.B. bei der Bewegung im Taiji, fließt das Chi ungehindert.

Dein Verstand ist wie ein guter Freund. Er hilft dir, kann aber auch enttäuscht, beleidigt oder wütend sein, wenn er sich nicht mehr wichtig genommen fühlt. Auch einem guten Freund muss man zuweilen Einhalt gebieten.

Schlag mit dem Schwert die zwei Köpfe
ab.....der Schnitt trennt die Zeit in
Vergangenheit und Zukunft.....er hat keine
Substanz und berührt doch alles. Man kann sich
ihn auch zeitlos vorstellen

Erst wenn man kein Bedürfnis mehr hat, sich mitteilen zu müssen, ist der Geist wirklich klar, der sich in jeder Situation frei entscheiden kann. Dies ist auch auf dem spirituellen Weg meist sehr schwer, da man seine faszinierenden Erfahrungen und Erkenntnisse natürlich teilen möchte.

Spirituelle Erfahrung und Weisheit zeigt sich dadurch, dass der Drang eben diese anderen mitzuteilen nicht mehr vorhanden ist.

Vollkommenes Vertrauen stellt sich ein.

Mein Freund Fritz sagte oft: „Ich will so leben, dass niemand mich überhaupt bemerkt". Ich fand das immer seltsam, da die Menschen eigentlich eher wollen, dass man sich an sie im positiven Sinne erinnert. Es dauerte lange bis ich begriff, was Fritz meinte. Er wollte ein Leben führen, das keine Spuren auf der Welt hinterlässt, da sie sich letztendlich fast immer als schädlich erweisen. Heute ist mein Anspruch, die Welt in meinem kleinen Einflussbereich ein wenig besser zu machen oder es zumindest zu versuchen. Dies kann ich dadurch erreichen, dass ich versuche im Kleinen eine positive Atmosphäre zu schaffen. Dies ist oft sehr schwierig trotz positiver Absicht, wie ich oft schmerzhaft erfahren musste. Inzwischen erkenne ich, dass es an der Komplexität der Einflüsse auf das Leben einzelner Menschen liegt, die man nie im Voraus überblicken und rational fassen kann und die für jeden eine eigene Wahrnehmung und subjektive Realität schaffen.

Ich kann vor allem beim Taiji und in der Meditation das Verschwinden dieser Trennung zwischen mir und der Außenwelt spüren. Durch loslassen der bewussten Steuerung der Bewegung und Gedanken entsteht völlige Mühelosigkeit, verbunden mit einem einhergehenden schönen Glücksgefühl. Man erkennt eine tiefe Verbundenheit mit der umgebenden Natur und spürt eine tiefe Zufriedenheit ohne Bedingungen.

Ich finde es äußerst schwierig, Menschen, die viel Leid verursachen, mit Wohlwollen zu begegnen.

Aber die Erklärung, dass auch bei ihnen die Verstrickungen im Samsara ihre Handlungen verursachen, schwächt zumindest in einem selbst das negative Gefühl, das ja immer nur destruktiv ist.

In der Diskussion mit meiner Lehrerin Ani-la über die Missbrauchsfälle bei buddhistischen Meistern erkannte ich, dass ja gerade diese Menschen das in der Lehre des Buddha immer betonte Mitgefühl brauchen. Nur damit entsteht die Möglichkeit, ihr Leben zu ändern.

Mein Sohn Moritz zu Spiritualität:
Ich bin überzeugt, dass die eigene Gefühlslage
sich auch auf den Gegenüber durch irgend
geartete Schwingungen überträgt – mein
Tochter Lene beruhigt sich, wenn ich sie ruhig
in den Armen trage und leise vor mich hin
summe.
Wenn Erleuchtung heißt, dass man die
Begrenzung durch den Körper in Raum und
Zeit verlässt, kann ich dem zustimmen

Mir ist erst vor kurzem bewusst geworden, dass der Großteil der Menschen einfach das Wunder des Lebens zu sehen, staunend und auch demütig erkennen, verlernt hat. Denn der damit einhergehende Respekt würde das von den Menschen verursachte Leid verhindern und das Glück ein Teil dieser wunderbaren Schöpfung zu sein immer mehr erkennen und wachsen lassen.

Alles ist Energie - kein Anfang, kein Ende, keine Zeit, kein Raum - Materie und Zeit sind Manifestationen des Geistes, der Energie - kein Gut, kein Schlecht, keine Dualität - Energie ist in Bewegung, ist Bewegung - Bewegung, Schwingung strebt immer nach geringsten Energieaufwand, nach Harmonie - diese Ordnung kann man göttlich nennen, ist göttlich - wogegen Manifestationen sich verändern, immer begrenzt sind, räumlich und zeitlich.

Für jeden gibt es einen Begriff, der ausdrückt, was er sucht oder zum Teil schon besitzt, und der am ehesten das Gespür für den Zustand der Befreiung beschreibt. Bei mir ist es (Selbst-) Vertrauen als Gegenpol zur Angst. Für andere Mut oder Neugier. Alle ermöglichen letztendlich eine grenzenlose Freiheit.

Ich spürte dies unbewusst schon als junger Mensch, aber wie ich es jetzt sehe, war dies damals eher eine Sorglosigkeit, da ich ja immer noch die Eltern hatte, die mir Sicherheit boten.

Ich habe einen für mich neuen Gedanken gelesen - "Wissen ist unendlich teilbar und verbraucht keine Ressourcen" - dies gilt für viele schöne "Dinge" wie Freude, Empathie, Liebe, Gelassenheit.....
aber auch für Angst, Wut, Hass......
Der Unterschied ist, dass Schönes Energie schafft, wogegen Negatives Energie verbraucht

Der Weg der Mitte ist, das Gleichgewicht und die Harmonie zwischen kommentierenden und erfahrenden Geist zu finden. Den Begriff des kommentierenden und erfahrenden Geist hat meine buddhistische Begleiterin Britta Khemabodhi geprägt

Freiheit ist jederzeit seine Gedanken und sein
Tun ändern zu können - glückliche Freiheit ist
in beidem niemanden zu schaden

Ein schöner Gedanke - über sich selbst zu lachen, ist im Jetzt zu sein - sich von außen zu sehen und nicht so wichtig zu nehmen
Ich wünsche jedem über sich selbst lachen zu können. Das erzeugt Leichtigkeit im Leben - bei sich und bei anderen

Träume haben vielleicht keine tiefere Bedeutung. Sie spiegeln wieder, wie und was das Ego in den Existenzen dieser Welt verarbeitet. Umso öfter sie wiederkehren, desto tiefer ist die Traumatisierung und desto schwieriger oder unlösbarer ist das Thema für den rationalen Verstand. Damit werden Emotionen im Unterbewusstsein ausgelöst. Achtsamkeit zum Erkennen einer emotionalen Verstrickheit , das nicht wertende Beobachten und eine humorvolle Sichtweise, die eine Leichtigkeit entstehen lässt, führen zu einer geistigen Freiheit, mit der ein Selbstvertrauen für diese Existenz einhergeht, da sich die Wichtigkeit relativiert und die Vergänglichkeit der erscheinenden Welt bewusst wird.

Sei immer entspannt, sonst wirst du eine Niederlage erleiden. Sich zurücknehmen erzeugt/bedingt Stärke – oder zutreffender gesagt: lässt den Geist offener werden und lässt alle Reaktionen zu. Man erkennt dies in der Leichtigkeit, mit der man reagiert und Entscheidungen fällen kann.

Vertrauen ist das Gefühl zu haben, jederzeit
Hilfe zu bekommen und frei Handeln zu.....auch
von sich selbst......das nennt man dann
Selbstvertrauen, wobei der Schritt zur
Selbstüberschätzung und Überheblichkeit
äußerst klein ist - wie ein Tanz auf Messers
Schneide ist.
Letztendlich hilft nur die Liebe

Ein beruhigender Gedanke - es gibt ja die These, dass die Menschheit immer dümmer wird, da dumme Menschen statistisch mehr Kinder haben. Aber zum Beispiel an den Corona-Leugnern zeigt die Natur schmerzhaft, dass sie auch dies zu verhindern weiß.

Das "Selbst der Existenz" drückt für mich der
Ausdruck "es ist wie seinem Vater auf der Straße
begegnen" aus. Beim Bewusstwerden und
Hinspüren taucht dieser letztendlich nicht
beschreibbare Zustand der stillen Freude, der
Verbundenheit, Vertrauen und Liebe auf.
Diesen festhalten zu wollen, ist der Tanz auf
Messers Schneide. Ihn öfter zu erkennen gelingt
durch Übung der Achtsamkeit. Die taucht dann
auch immer öfter auf und meist erkennt man in
ganz verschiedenen Situation die Klarheit der
Existenz.

Der Weg - Stufen des Bewusstseins
Gedanken ohne Alternative erzeugen Leid
Unbehagen gegenüber Menschen, Dingen und
Tätigkeiten kann verändert werden
Empathische Gedanken und Taten erzeugen
Frieden und Freiheit
Empathie ist die wahre Natur des Menschen
.... noch ganz wichtig - meist können diese
Erkenntnisse nicht einfach weitergegeben
werden

Bewegung ist Stillstand, Ruhe - wenn die Zeit angehalten wird.....in da Somma'sonn...wia scho da Willy Michl singt...auf dem weißen Kies, da ist das Isarflimmern.....zeitlos schön

Jeder Mensch, der Aufruhr, Ärger bei mir erzeugt, kann als Lehrer angesehen werden. Man kann lernen den Ärger anzusehen, für sich stehen und vorüber gehen zu lassen. Meist entsteht dann Mitgefühl und vielleicht sogar Dankbarkeit. Dann spürt man die Freiheit in der eigenen Reaktion und dass dies auf alle äußeren Einflüsse übertragen werden kann.

Beim Taiji übt man das Aufgehen in der Bewegung. Gedanken vorüberziehen lassen bis sie versiegen. Dies ist wie bei der Meditation der Kernpunkt, ist in der Praxis nur immer temporär zu erfahren. Nur die Zeitdauer wird durch das Üben sehr, sehr langsam länger. Dabei wird das Taiji von der Kampfkunst zur reinen Bewegung in einem ruhigen Gefühlszustand - dabei erfährt man, so kann ich es ausdrücken, die Schönheit des Seins, der Existenz und kann sich die Welt als Manifestation von Energie oder nur als Potential vorstellen. Dies sind aber alles nur Beschreibungsversuche von ......und wird in unserem Dasein als Teil dieser 3(4)-dimensionalen für uns als Mensch erlebbaren Welt auch weiterhin so bleiben, solange wir nur mit unseren Verstand (unserem Ego) die Welt zu erklären versuchen

Pragmatische Ideen zur Verhinderung von Missstimmung - einfach vor sich hinpfeifen - die mühelose Konzentration auf Melodien und das Hören von Tönen lässt die Stimmung steigen

Vertraue auf das Leben!
Der Glaube ist ein Vertrauen auf die Schöpfung.
In seinem Buch "Zusammenhänge" zeigt
Hoimar von Ditfurth an Hand von Beispielen
dies auf und macht es dadurch unserem
beschränkten Verstand im Zusammenspiel mit
dem Gefühl des Staunens zugänglich. Immer
wenn die Schöpfung übers Ziel hinausschießt,
kreiert sie Neues, um sich selbst einzudämmen.
Ich habe das Buch vor 40 Jahren mit Staunen
gelesen und jetzt findet der Verstand die
Erklärung - Zeit spielt keine Rolle!

Der Ausdruck „Tanz auf Messers Schneide"
taucht immer wieder in meinen Gedanken auf.
Er trifft in vielerlei Hinsicht zu:
- in depressiver Fase auf die Gratwanderung
nicht tiefer abzustürzen, sondern wieder die
Kurve zum Positiven zu bekommen
- die Achtsamkeit zu leben, d.h. im Bewusstsein
zu halten, ohne von ihr im Denken
eingenommen zu werden
- beim Meditieren nicht zu denken,
abzuschweifen, aber auch nicht abtauchen in
einen dumpfen, schlafähnlichen
Dämmerzustand, sondern bei voller
Aufmerksamkeit zu verweilen
"Selbst das Bewusstsein ist eine Täuschung" -
ein Zeichen der Dualität
Dies ist natürlich eine Aussage, die im Grunde
nicht gedacht werden kann, da für unseren
Verstand erst das Bewusstsein Gedanken
ermöglicht. Trotzdem kann ich irgendwie einen
Zustand erahnen, spüren.....der dies ausdrückt.
Darin kann ich auch keinen Anfang und Ende
festmachen

Da ist auch ein Gesichtspunkt der Lehre neu in meinem Bewusstsein entstanden. Das Erwachen ist das Verschmelzen von der punktuellen bewussten Konzentration mit Achtsamkeit auf die gesamte Außenwelt - dies das Ziel der Meditation.

Damit löst sich das Ego auf.

Danke an Kemabodhi

Mein Freund Gerd hat vor kurzem die Verbundenheit aller Wesen über die "Leere" zwischen den atomaren Bausteinen als seine Vorstellungen dargelegt. Ergänzend ist mir die Vorstellung gekommen, dass diese "Leere" eben nicht leer ist, sondern in dieser Welt nicht erfahrbar, messbar....ist. Diese Welt ist nur ein temporäres Auftauchen von Materie und Energie in dieser Leere. Leben ist die Umwandlung von Energieformen. Das Bewusstsein hinter unseren Gedanken, das uns diese und auch unsere Gefühle erkennen lässt, fühlt sich als ein Teil der "Leere" an. Im Buddhismus wird dies auch als Potential benannt, das über "Ursache und Wirkung" unsere Welt entstehen lässt.

Achtsamkeit - auf was? - auf alles?
Achtsamkeit kann geübt werden, entsteht immer
öfter ohne Anstrengung und wird feinfühliger,
subtiler.
Spür den Unterschied zwischen penetrant
neugierig und entspannt neugierig sein -
Entspannung nimmt die "Gier" auf was Neues

Die Angst vor dem Tod und dem Festhalten an
materieller Dingen- "Du kannst nicht nur nichts
mit nehmen, sondern Du brauchst gar nichts
mitnehmen.
Konfuzius: "Fasse die Sorgen des Tages
zusammen auf eine halbe Stunde, und in dieser
Zeit mache ein Schläfchen"

Beim Lachen spürt man die Verbundenheit mit anderen - das Ego ist in diesem Moment verschwunden. Lächle jemand an und du kannst jederzeit dieses Unbeschreibliche spüren Verbundenheit - ohne Luft kein Gespräch, kein Ton, kein Geruch - ohne Licht kein Sehen

In jedem Gegenstand ist so viel Energie - Elemente geformt von Menschen mit Gefühlen von leidvoller Anstrengung bis zur Schaffensfreude. Diese erlebt man auch, wenn man etwas repariert und ihm damit seine Bestimmung zurückgibt.

Erinnerungen können schön, aber auch traurig oder verstörend sein, da die Gedanken daran dieselben Gefühle erzeugen, wie beim Erlebten selbst. Dies sich bewusst machen, hilft aber auch beim Loslassen von Leidenschaften und geliebten Menschen.

Erst wenn man kein Bedürfnis mehr hat, sich mitteilen zu müssen, ist der Geist wirklich klar, der sich in jeder Situation frei entscheiden kann. Dies ist auch auf dem spirituellen Weg meist sehr schwer, da man seine faszinierenden Erfahrungen und Erkenntnisse natürlich teilen möchte.

Jeder muss auch selbst diese erfahren - wie es der Japaner krass sagt: "Ich kann dir den Weg zum Scheißhaus zeigen, aber Scheißen musst du schon selber"

Ich erlebte im Rahmen einer unserer "finnischen Sauna"-Abende in der eiskalten Ammer für eine kurze Zeit beim Untertauchen eine wunderbares Gefühl - ich spürte die Kraft des Wassers, die Kälte war fast angenehm, eine wunderbare Leichtigkeit und Lebendigkeit

Man kann zu allem, sogar zu leblosen Objekten eine "Liebesbeziehung" entwickeln und die Verbundenheit spüren

Spüre den Unterschied in aufwühlenden
Situationen:
"Ich muss ruhig bleiben" oder
"Unaufgeregtheit" als Lebensmotto

Mein buddhistischer Mentor Ani-la hat mir wieder die wirkliche Freiheit vor Augen geführt - hinter der vermeintlichen Freiheit steckt das Ego, das sich behaupten will. Durch Achtsamkeit und Änderung der Sichtweise kann ich eigentlich immer zur Harmonie beitragen.

Am schwierigsten ist die Identifikation mit seinem Körper - Gedanken kann ich beobachten, d.h. von außen betrachten, aber den Körper habe ich immer dabei – „schleppe ihn mit mir". Aber er ermöglicht mir erst Dinge zu erfahren.

Die Leichtigkeit im Leben zu erlangen, zu erhalten - kann man als Vorstufe zur Auflösung des Bewusstseins und der Identifikation sehen. Ich spüre das, wenn beim Taiji die Bewegungen wie von alleine fließen und der Geist völlig ruhig wird

Vermeintlich Übles kann einen tieferen Sinn haben. Wenn man die Dinge von einem höheren Standpunkt betrachtet.

Fleischfresser töten und erhalten dadurch ein Gleichgewicht.

Die Furcht vor Terroranschlägen verhindert Massenveranstaltungen.

Kriege lassen uns Empathie für die Opfer empfinden und vielleicht auch für die Verursacher entwickeln. Die Ursachen, warum diese so geworden sind, können jeden treffen und sie brauchen eigentlich ganz viel Mitgefühl, um sich ändern zu können.

Die eigene Sichtweise flexibel zu halten ist schwierig - kann aber durch Fragen und die gewonnenen Erkenntnisse geübt werden. Wenn ein Gedanke keine Alternative zulässt, kommt er vom eigenen Ego. Gedanken eines klaren Geistes lassen immer die Freiheit zu, Dinge unterschiedlich zu betrachten.

Leichtigkeit gewinnt man durch Vertrauen.
In einer TV-Sendung über die Freundschaft
eines buddhistischen und eines christlichen
Mönches sagte letzterer : „Vertraue auf das
Leben - mit Empathie für dich und der
Außenwelt"
Die Erfahrung hat mir gezeigt und hat mich
staunen lassen, wieviel positives dabei entsteht.

Nachwort

Die göttliche Unendlichkeit, Freiheit
….spirituelle Erfahrungen…..
…. versuchen die Menschen schon immer zu
ergründen und zu beschreiben. Aber die
menschliche Sprache wird nicht ausreichen,
doch man kann den Hauch davon spüren….
… im eigenen Bewusstsein, in der Stille der
Meditation, im Fluss beim Praktizieren des Taiji-
chan, beim Hören von Musik, beim Betrachten
von Bildern, beim versunkenen Lesen, beim
Tanzen, beim schnellen, aber auch langsamen
Motorradfahren - beim sogenannten „Flow" in
meist schnellen Sportbewegungen, die außerhalb
der Möglichkeit liegen, sie mit dem bewussten
Verstand zu steuern..

Den Hauch der göttlichen Unendlichkeit
….findet man auch in der Mathematik; …in der
Beobachtung des Weltalls und ebenso in der
Betrachtung von atomaren Vorgängen.
Speziell in der Quantentheorie, in der
wunderbaren Vielfalt und Schönheit der Natur…
….im Grunde in allen Dingen und Vorgängen,
doch das erschließt sich dem Menschen nur in
Erfahrungen, die er im Spüren wahrnimmt und
die auch der Verstand dann immer öfter
erkennt, aber letztendlich nicht erklären kann,
aber auch nicht braucht.

Dadurch eröffnet sich in immer mehr
Momenten die vollkommene Freiheit und der
Mensch kann sich ganz frei für seine Reaktionen
auf die auftretenden Gefühle entscheiden.
Gerade in der Quantentheorie erschließt sich
dem Menschen, dass jegliche Realität nur eine
wahrscheinliche Möglichkeit ist und daher
abhängig von der Wahrnehmung und des
Bewusstseins im Rahmen der Kausalität aller
Dinge, Taten und Gedanken.

Die göttliche Freiheit bedeutet, sich dieser
Erkenntnis immer bewusst zu sein.

Doch „Warum" wir sie erfahren können, bleibt
für mich eine der aufregendsten Fragen.
Wahrscheinlich kann man sie mit unserem auf
Logik ausgerichteten Verstand so nicht stellen
und beantworten. Meine Frau hat aus einem
ihrer Lieblingsbücher „…..", in dem eine Frau
die „Erleuchtung" an einer Bushaltestelle von
einem Augenblick auf den anderen erfährt, diese
aber jahrelang nicht erkennt und das warum so
beschreibt – „das Unendliche schafft sich die
Möglichkeit seine Unendlichkeit zu erfahren,
indem sie Endliches schafft". Diese
Formulierung beschreibt für mich bis jetzt am
besten die Antwort auf die Frage nach dem
„Warum".

Dank

Wem kann man für Erfahrungen und Erkenntnissen danken?
Im Grunde allen und allem, dem man begegnet.
Erfahrungen bestimmen das Leben – und dies scheint im ersten Moment der Zufall zu bestimmen. Aber heute sehe ich dies etwas anders. Alle Vorgänge haben Ursachen und damit kann jeder Mensch kann durch seine Reaktionen auf äußere Einflüsse den Lauf der Dinge in gewisser Weise beeinflussen.
Auch wenn man nur ein Tropfen im Ozean des Lebens ist, kann man eine Lawine lostreten.
Exponentielle Entwicklungen und scheinbar chaotische Systeme sind mit unserem linear ausgerichteten Verstand nicht wirklich zu fassen.